Klaus Kordon

Am 4. Advent morgens um vier

Klaus Kordon

Am 4. Advent morgens um vier

Eine Weihnachtsgeschichte

Mit Bildern von Jasmin Schäfer

BELTZ
& Gelberg

* *Editorische Notiz: Die Originalausgabe von »Am 4. Advent morgens um vier«
mit Bildern von Julian Jusim erschien 1990 bei Otto Maier, Ravensburg, und 1998
als Gulliver-Taschenbuch.*

* Dieses Buch ist erhältlich als:
ISBN 978-3-407-82029-7 Print

© 2013 Beltz & Gelberg in der Verlagsgruppe Beltz · Weinheim Basel
Werderstraße 10, 69469 Weinheim
Alle Rechte vorbehalten
Lektorat: Barbara Gelberg
Einbandillustration: Jasmin Schäfer
Einbandtypografie: Franziska Walther
Satz, Typografie: Antje Birkholz
Druck und Bindung: Beltz Grafische Betriebe, Bad Langensalza
Beltz Grafische Betriebe ist ein klimaneutrales Unternehmen (ID 15985-2104-100).
Printed in Germany
6 7 8 9 10 11   25 24 23 22

Weitere Informationen zu unseren Autor:innen und Titeln
finden Sie unter: www.beltz.de

Vor langer Zeit lebte einmal ein Junge, der hieß Andreas, und das Dorf, in dem er aufwuchs, war sehr arm. Nur selten wurde er satt und im Winter musste er oft frieren. Seinen Geschwistern, der kleinen Anna und dem kleinen Paul, ging es genauso.

Als es nun wieder mal auf Weihnachten zuging, beschloss Andreas, sich mehr Glück zu wünschen. Die Geschenke, die der Vater den Kindern bastelte, reichten ihm nicht mehr. Und Mutters Plätzchen schmeckten zwar herrlich, aber einmal im Jahr war ihm zu wenig.

Doch an wen sollte er seinen Wunsch richten? An das Christkind? Das hatte er noch nie gesehen.

An den Nikolaus? In die armen Dörfer kamen keine reichen Nikoläuse. Und ein Nikolaus, der mehr Glück mitbringen sollte, musste schon sehr reich sein.

Andreas dachte lange nach, aber ihm fiel nichts ein. Außer beten. Doch zum lieben Gott hatte er schon so oft gebetet und noch nie hatte es geholfen. Er musste etwas anderes versuchen. Aber was?

Ganz zum Schluss fiel Andreas der alte Hinnerk ein. Der alte Hinnerk war Schäfer und hatte viel Zeit zum Nachdenken. Vielleicht wusste er Rat.

Der alte Hinnerk hörte Andreas aufmerksam zu. Dabei sog er an seiner langen Pfeife und krauste die Stirn. Schließlich sagte er: »Früher hieß es, Weihnachtswünsche, die man am vierten Advent morgens um vier in den Schnee schreibt, gehen in Erfüllung. Aber ob das stimmt?« Er spuckte einen Tabakkrümel aus und schwieg.

»Und wer hat dir das verraten?«, wollte Andreas wissen.

»Mein Großvater.«

»Ist das ein Zauber?« Vor Zauberkunststücken hatte Andreas Angst. Wenn man dabei etwas falsch machte, konnten die grauslichsten Dinge passieren. Die Mutter erzählte oft solche Geschichten.

»Vielleicht ja, vielleicht nein.« Der alte Hinnerk wiegte
den Kopf. »Mein Großvater kannte viele solche Sachen.
Als Kind glaubte ich oft, dass er im Geheimen ein
Zauberer war.«

Andreas wog ab. In der einen Waagschale lag seine
Angst, etwas falsch zu machen, in der anderen sein
Wunsch. Was wog mehr? – Sein Wunsch! Er wollte

endlich mehr Glück haben. Also musste er mutig sein. Aber wenn am vierten Advent kein Schnee lag? Was dann?

»Dann musst du bis nächstes Jahr warten«, sagte der alte Hinnerk. »Das ist nun mal so.«

Das musste Andreas einsehen. Aber noch durfte er ja hoffen. So bedankte er sich bei dem alten Schäfer und lief nach Hause zurück. Und natürlich sah er von nun an öfter zum Himmel hinauf und wünschte sich sehnlichst ein paar Wolken herbei.

In diesem Jahr aber wollte der Herbst kein Ende nehmen. Noch am ersten Advent schien die Sonne so hell wie im September. Erst am zweiten Advent zogen Wolken herauf. Doch das waren nur Regenwolken. Anstatt weiß wurde alles nur schwarz und grau und nass.

Auch am dritten Advent fiel nur Regen, kein Schnee. Ein wenig kälter aber war es inzwischen schon geworden. Andreas durfte weiterhoffen.

Schließlich kam die Nacht zum vierten Advent, und Andreas konnte lange nicht einschlafen. Er lag neben Anna und Paul im Bett und bangte: Würde es noch rechtzeitig schneien? Es waren ja nur noch ein paar Stunden.

Anna und der kleine Paul schliefen längst. Und auch der Vater schnarchte schon. Nur die Mutter wälzte sich noch unruhig in ihrem Bett herum.

Andreas sah zum Fenster hin und drückte unter der Bettdecke beide Daumen. »Schnee!«, bat er still bei sich. »Schnee! Bitte komm! Sonst muss ich ein ganzes Jahr warten.«

Aber das Fenster blieb so schwarz und kalt und stumm wie die Nacht. Keine einzige Schneeflocke rieselte daran vorbei.

Die Kirchturmuhr schlug Mitternacht und Andreas sah immer noch zum Fenster hin und drückte die Daumen. Sie schlug ein Uhr und er hielt aus. Sie schlug zwei Uhr, und er schrak auf, weil ihm zum ersten Mal die Augen zugefallen waren. Sie schlug drei Uhr und er schlief tief und fest.

Doch dann, als die Kirchturmuhr vier schlug, wachte Andreas wieder auf. Er erschrak und lief zum Fenster. Und da war draußen alles weiß: die Dächer der niedri-

gen Bauernhäuser, der Kirchturm, der Brunnen, die Scheunen, die Felder.

Schnell schlüpfte Andreas in seine Kleider, wickelte sich seinen Schal um den Hals und lief in den Schnee hinaus. Und direkt vor der Kirche schrieb er mit dem Zeigefinger MEHR GLÜCK in den Schnee. Und darunter: ANDREAS.

Danach blieb er noch eine Weile im Schnee stehen. Hatte er alles richtig gemacht – oder einen bösen Zauber heraufbeschworen? Doch kein Höllengelächter erhob sich, die Kirche blieb an ihrem Platz und die Erde unter ihm wankte nicht. Rasch lief Andreas ins Haus zurück, zog sich aus, legte sich zwischen seine Geschwister und schlief wieder ein.

Als er am nächsten Morgen erwachte, sah er gleich zum Fenster hin – und wollte es nicht glauben: Die Dächer der Häuser glänzten schwarz wie nach einem Regen. Auf der Straße waren nichts als Pfützen zu sehen. War der Schnee so schnell getaut oder hatte er alles nur geträumt?

Von nun an war Andreas sehr unruhig. Alle Leute, die er fragte, hatten in jener Nacht geschlafen. Keiner konnte ihm sagen, ob es wirklich geschneit hatte. Nicht einmal der alte Hinnerk. Andreas musste bis

zum Heiligen Abend warten. Wenn sein Wunsch
in Erfüllung ging, war alles Wirklichkeit gewesen.
Wenn nicht, hatte er den Schnee nur geträumt – oder
Hinnerks Rat taugte nichts.

Der 24. Dezember kam und wie jedes Jahr waren
die Dorfkinder schon am Morgen sehr aufgeregt. Auch
Andreas und seine Geschwister. Andreas natürlich am
meisten. Sein Wunsch kam ihm plötzlich sehr unbe-
scheiden vor.
Zu Mittag gab es eine Brühe aus Hühnerhälsen. Das
war etwas Besonderes und der Duft der heißen Brühe
verbreitete schnell gute Stimmung im Haus.
Bescherung war wie jedes Jahr nachmittags um fünf.
Da war es draußen schon dunkel, und die kleine
Tanne, die der Vater aus dem Wald mitgebracht hatte,
stand in der Wohnstube. Anna und Paul hatten sie mit
Strohsternen geschmückt und die Mutter zündete die
Kerzen an.
Als alle Kerzen brannten, wurden die Geschenke

verteilt. Der kleine Paul bekam einen Strohhasen, den der Vater ihm gebastelt hatte. Anna bekam eine Puppe aus Stoffresten. Auch vom Vater. Und Andreas bekam einen neuen, warmen Pullover, den die Mutter ihm gestrickt hatte.

Die Kinder schenkten den Eltern einen neuen Reisigbesen, den sie mit Strohsternen geschmückt hatten. Das Reisig hatten sie selbst gesammelt, und gebunden hatte den Besen der alte Hinnerk. Der Vater schenkte der Mutter das bunte Kopftuch, das er ihr aus der Stadt mitgebracht hatte, und die Mutter dem Vater einen neuen, dicken Schal.

Alle freuten sich über die Geschenke. Auch Andreas. Aber er war sehr unruhig. Sein Glück! Würde er es noch bekommen? Oder hatte er den Schnee nur geträumt?

Als es von der Dorfkirche her sechs schlug, glaubte Andreas schon nicht mehr an Hinnerks Rat. Da klopfte es plötzlich an der Tür.

»Nanu?«, wunderte sich die Mutter. »Wer ist denn das?« Doch sie ging gleich öffnen.

Ein fremder Mann stand in der Tür. »Wohnt hier ein Andreas?«, fragte er.

»Ja«, sagte die Mutter. »Das ist unser ältester Sohn.«

Und bevor sie mehr sagen konnte, war der Besucher schon in die Stube getreten. Er grüßte höflich den Vater, nickte auch dem kleinen Paul und Anna mit ihrer Stoffpuppe zu, dann trat er vor Andreas hin. Andreas guckte den Fremden an und spürte, wie ihm ganz heiß wurde. Denn der Mann im dunklen Mantel

und mit dem dichten Bart und den freundlichen Augen unter dem schwarzen Hut war sicher gekommen, um ihm sein Glück zu bringen.

Und richtig: »Vor ein paar Tagen fuhr ich nachts durch euer Dorf«, erklärte er den Eltern. »Es lag Schnee und es war sehr kalt. Ich fror erbärmlich und schimpfte sehr. Als ich aber meine Pferde an der Dorfkirche vorübertrieb, scheuten sie plötzlich. Ich hielt an und sah nach, was sie erschreckt haben könnte. Aber da war nichts zu sehen – außer drei Wörtern, die jemand in den Schnee geschrieben hatte. MEHR GLÜCK stand da. Und darunter stand ANDREAS. Da schämte ich mich meines Ärgers und freute mich wieder meines Glücks. Ich bin nämlich ein recht glücklicher Mensch. Und ich bin gekommen, um eurem Andreas etwas von meinem Glück abzugeben.«

Die Eltern sahen sich verwundert an. Andreas aber fragte gleich: »Geht das denn? Kann man Glück teilen?«

»Man muss es sogar teilen, wenn es echtes Glück sein soll«, sagte der Fremde. »Ich hatte das vergessen. Aber als ich deinen Wunsch las, ist es mir wieder eingefallen.« Und er bat Andreas: »Sag mir, was für ein Glück du dir wünschst.«

»Dass wir nicht mehr hungern müssen«, antwortete
Andreas sofort.

Der Fremde griff in seinen Mantel und stellte einen
schweren Beutel auf den Tisch. »Das ist gegen den
Hunger. Und was gehört noch zu deinem Glück?«

»Dass wir nicht mehr frieren müssen«, sagte Andreas.

Der Fremde griff ein zweites Mal in seinen Mantel und
stellte noch einen Beutel auf den Tisch. »Das ist gegen
die Kälte. Und was gehört noch zu deinem Glück?«

Andreas überlegte. Nicht mehr hungern und frieren

zu müssen, erschien ihm bereits als sehr großes Glück. Was sollte er sich denn noch wünschen?

»Weißt du keinen Wunsch mehr?«, fragte der Fremde.

Andreas schüttelte den Kopf.

Da stellte der Fremde einen dritten Beutel auf den Tisch und sagte: »Der ist für den dritten Wunsch, den du jetzt noch nicht weißt. Nächstes Jahr am Heiligen Abend komme ich wieder. Dann sagst du mir, was du mit diesem Beutel getan hast. Wenn mir das gefällt, bekommst du wieder so einen Beutel. Und im Jahr darauf auch. Ich will dir von nun an jedes Jahr zum Heiligen Abend einen solchen Beutel schenken – aber nur, wenn mir gefällt, was du damit tust.«

Damit verabschiedete sich der Fremde und ging wieder in die Nacht hinaus.

Eine Zeit lang herrschte Stille um den Tannenbaum. Dann nahm die Mutter den ersten der drei Beutel und öffnete ihn neugierig. Aber wie erschrak sie, als sie die vielen blanken Münzen entdeckte, die den Beutel so schwer machten.

»Na, so was!«, sagte sie und bekam vor Glück feuchte Augen. »Der füllt uns ja ein ganzes Jahr lang die Speisekammer.«

Der Vater nahm den zweiten Beutel und öffnete ihn.

Und auch dieser war voller Geldstücke. »Das reicht für
Holz und Kohlen und warme Kleidung«, sagte er leise.
»Nun brauchen wir nicht mehr zu frieren.«
Den dritten Beutel aber rührten weder der Vater noch
die Mutter an. Der dritte Beutel gehörte Andreas.
Doch Andreas sah gar nicht erst hinein. Er wusste

auch so, dass der dritte Beutel nicht weniger Geldstücke enthielt als die beiden anderen.

Was würde dem Fremden wohl gefallen, überlegte er.
Was sollte er tun mit seinem Beutel?

»Am besten, du hebst ihn gut auf«, riet die Mutter.
»Damit du ihn noch hast, wenn der Mann nächstes
Jahr wiederkommt.«

Der Vater widersprach. »Wozu sollte das gut sein?
Nein! Das Beste ist, wenn Andreas sich dafür was
Schönes kauft – ein eigenes Bett, einen neuen Schulanzug und alles, was er noch braucht, um zufrieden
zu sein.«

Andreas aber glaubte, dass der Fremde etwas ganz anderes gemeint hatte. Nur was?
Er wollte mit dem alten Hinnerk darüber reden. Der Schäfer hatte ihn schon einmal gut beraten. Also gab Andreas den dritten Beutel der Mutter in Verwahrung und lief gleich am nächsten Morgen zum alten Hinnerk.

Es war der Morgen des ersten Weihnachtsfeiertages, aber viel Festliches gab es im Dorf nicht zu sehen. Nur die Kinder strahlten. Es hatte in der Nacht geschneit und der Schnee war liegen geblieben. Überall hatte man die Schlitten aus den Schuppen geholt, und der erste Schneemann war auch schon gebaut.

Der alte Hinnerk saß in seiner kleinen Stube neben dem Stall und feierte auch Weihnachten. Er lebte ganz allein dort, aber er war nicht traurig. Er hatte sich zu Weihnachten neuen Tabak geschenkt. Den probierte er aus. Und er war sehr zufrieden mit seinem Geschenk.

Hinnerk freute sich, dass Andreas' Wunsch in Erfüllung gegangen war. Als er aber von dem dritten Beutel erfuhr, legte er die Stirn in Falten. Von jemandem, der jedes Jahr zum Heiligen Abend einen Beutel Geldstücke verschenken wollte, hatte er noch nie gehört. Und was Andreas mit seinem Beutel tun konnte, damit es dem Fremden gefiel, wusste er auch nicht.

»Tja!«, sagte er schließlich. »Da musst du jetzt wohl sehr klug sein. Aber was ist klug? Klug ist nur, wenn du für dein Geld etwas kaufst, was dir bleibt.«

Ein guter Rat, dachte Andreas. Doch was blieb ihm?
Ein eigenes Bett, wie der Vater gesagt hatte? Bestimmt
nicht. Das ging irgendwann kaputt. Ein neuer Schulanzug? Erst recht nicht, aus dem wuchs er heraus.
»Mehr kann ich dir dazu nicht sagen.« Der alte Schäfer
stieß eine dicke Rauchwolke aus. »Was einer für sein
ganzes Leben besitzen will, muss er schon selbst ent-
scheiden.«
Andreas bedankte sich und lief nach Hause. Er hatte
Anna und dem kleinen Paul versprochen, mit ihnen
zum zugefrorenen Teich zu gehen. Nun warteten sie
auf ihn. Ohne den großen Bruder durften sie nicht auf
dem Teich herumschlittern.
Es wurde eine lustige Schlitterpartie, aber Andreas
konnte sich nicht richtig freuen. Immer wieder musste
er darüber nachdenken, was er denn für immer haben
wollte. Doch ihm fiel nichts ein.
Auf dem Heimweg trafen die drei Geschwister
den reichen Jens. Der Jens wurde so genannt, weil
er der Sohn vom reichen Morten war, dem die Felder
gehörten, auf denen die Männer und Frauen des
Dorfes im Frühjahr, Sommer und Herbst arbeiteten.
Der reiche Jens hatte keine Freunde, denn er durfte

nicht mit den Dorfkindern spielen. Deshalb stand er in seinem warmen Mantel mit dem Pelzkrägelchen und der Pelzmütze auf dem Kopf nur still im Schnee und musterte Andreas neugierig.

Auch Andreas guckte neugierig. Er hätte gern gewusst, wie so ein reicher Junge lebte. Doch wagte er nicht, Jens anzusprechen. Er ging nur still an ihm vorbei. Doch dann kam ihm auf einmal eine Idee: Dem reichen Morten gehörten die Felder, also besaß er Land, viel Land. Und er besaß es, weil es seinem Vater schon gehört hatte, und das hieß, dass es eines Tages Jens gehören würde. Also besaß man Land für immer.

Wenn er nun für seinen Beutel Land kaufte? Auf einem Stück Land konnten die Eltern und er etwas aussäen. Und im Herbst konnten sie ernten.

Andreas' Herz begann schneller zu klopfen: Land! Das war etwas Kluges. Land war etwas sehr Kluges! Rasch zog er Anna und den kleinen Paul mit sich fort. Und zu Hause in der Wohnstube, bei dünnem Tee und Plätzchen, erzählte er den Eltern von seiner Idee.

Den Eltern gefiel der Gedanke, ein eigenes kleines Stück Land zu besitzen. Also gingen sie noch am gleichen Nachmittag mit Andreas zu Jens' Vater. Sie zeigten dem reichen Morten den dritten Beutel und fragten ihn, ob er ihnen dafür ein Stück Land verkaufen wollte.

Der reiche Morten lachte über die paar Geldstücke, die Andreas und seinen Eltern so viel erschienen. Aber er sagte ja und zeigte ihnen gleich, welches Stück Land er ihnen dafür geben wollte – das kleine Feld zwischen dem Weidenbaum und den drei Birken.

Es wurde ein Vertrag gemacht und unterschrieben und Andreas und seine Eltern gingen als stolze Landbesitzer heim. Zwar war ihr Stückchen Land nicht größer als zwanzig Schritte nach jeder Seite, aber es war *ihr* Land. Und es war groß genug, dass sie im Frühjahr ein paar Beete darauf anlegen konnten – für Kartoffeln, Kohlrüben, Gemüse und etwas Weizen.

Und genau das taten Andreas und seine Eltern, als die Zeit dafür heran war. Jeden Abend, wenn sie mit den anderen Männern und Frauen von den Feldern heimkehrten, die dem reichen Morten gehörten, arbeiteten sie noch auf dem eigenen Feld. Und Andreas, Anna und der kleine Paul halfen mit. Im Frühjahr pflügten sie die Erde und säten und pflanzten, im Sommer

schleppten sie Wasser heran, im Herbst ernteten sie.
Es war ein gutes Jahr und so war die Ernte reichlich.
Für zwei Säcke Kartoffeln lieh sich Andreas' Vater
beim reichen Morten einen Pferdewagen und fuhr
gemeinsam mit der Mutter und allen drei Kindern
die Ernte in die nächste große Stadt. Dort gab es
einen Markt, auf dem konnten sie alles verkaufen.
Was sie verdienten, sparten sie, obwohl Anna und der
kleine Paul viele Wünsche hatten. Andreas und seine
Eltern aber wollten nicht übermütig werden und lieber
ein paar Notgroschen übrig behalten.
Andreas selbst war sehr zufrieden mit seinem Glück.
Aber würde der Fremde mit ihm zufrieden sein? Er
konnte es kaum erwarten, bis es wieder Weihnachten
wurde.

Die Adventszeit verging, und der Heilige Abend kam heran. Diesmal aber gab es zu Mittag nicht nur ein paar Hühnerhälse, diesmal gab es ein ganzes Huhn.

Und auch die Geschenke fielen in diesem Jahr schon reichhaltiger aus: eine Jacke für den kleinen Paul, ein Kleid für Anna, ein paar neue Stiefel für Andreas, eine Schürze für die Mutter, eine Mütze für den Vater. Dann schlug es sechs und alle waren gespannt: Würde der geheimnisvolle Fremde wiederkommen?

Er kam mit dem letzten Glockenschlag, genau wie im Jahr zuvor. Diesmal aber bat die Mutter ihn zu Tisch. Er musste Hut und Mantel ablegen, ein paar Plätzchen essen und eine Tasse Tee trinken. Und danach wollte der Vater wissen, wer ihr Wohltäter eigentlich war. Sie müssten doch endlich einmal erfahren, wem sie so viel Dank schuldeten.

»Ich bin ein wohlhabender Mann«, sagte der Fremde nur. »Ich kann es mir leisten, ein bisschen zu helfen.«

»Aha!« Die Mutter erinnerte sich daran, wie der Fremde bei seinem ersten Besuch gesagt hatte, dass er glücklich sei. »Wer reich ist, der ist auch glücklich.«

»Nein«, antwortete der Fremde. »Ich bin zwar wohl-

habend, aber nicht reich. Und ich bin nicht glücklich,
weil ich wohlhabend bin. Aber wäre ich nicht wohlhabend, könnte ich nicht so glücklich leben.«
Über diese Worte musste Andreas lange nachdenken,
bevor er sie ganz verstand. Doch viel Zeit ließ ihm
der Fremde nicht. Er wollte wissen, was Andreas mit
seinem Beutel getan hatte.

Andreas sagte es ihm und die Eltern halfen dabei.
Und alle waren sie gespannt, was der Fremde darauf
antworten würde.

Der Fremde überlegte ein Weilchen, dann sagte er:
»Das ist ein Anfang, aber noch nicht genug. Der
Anfang jedoch gefällt mir, deshalb will ich dir weiter-
helfen.« Und er legte erneut einen Beutel voller Geldstücke vor Andreas hin.

Andreas nahm den Beutel und bedankte sich. Und
der Fremde stand auf, verabschiedete sich höflich und
ging.

Die Mutter brachte ihn noch zur Tür. Als sie zurück-
kam, war sie enttäuscht. »Warum hat er *uns* denn
diesmal keinen Beutel gegeben?«

»Weil wir keinen mehr brauchen«, sagte der Vater
stolz. »Wir haben ein Stück Land und bald noch ein
zweites. Wir haben zu essen und zu trinken, zu heizen
und warme Kleidung. Es ist schon genug, dass er
Andreas weiter beschenken will.«

Das sah die Mutter ein, und so konnte sie sich wieder freuen.

Wie der Vater es gesagt hatte, so kam es. Für den neuen Beutel wurde ein zweites Stück Land gekauft, gleich neben dem ersten. Es wurde gesät und geerntet und danach für viele Säcke Kartoffeln ein eigenes Pferd eingetauscht. Und als das Jahr herum war, berichtete Andreas dem Fremden erneut, was er mit seinem Beutel getan hatte.

Doch der Fremde sagte wieder nur: »Das ist ein Anfang, aber noch nicht genug.«

Jedes Jahr sagte der Fremde das nun. Zum Pferd kam ein Wagen, zu jedem Stück Land ein neues. Eine Kuh kam hinzu, zwei Schweine, zwölf Schafe, viele Hühner, Enten, Gänse und Kaninchen.

Für alle Tiere wurden Ställe gebaut, und auch das Haus, in dem Andreas mit seinen Eltern und Geschwistern lebte, wurde vergrößert. Ein neues Dach kam darauf, ein Vorgärtchen wurde angelegt. Doch der Fremde sagte jedes Mal nur: »Das ist ein Anfang, aber noch nicht genug.«

Andreas' Eltern arbeiteten nun längst nicht mehr für den reichen Morten, sondern nur noch auf ihren eigenen Feldern. Und sie verdienten so viel damit, dass sie auch ohne das Geld des Fremden Land kaufen konnten. Immer mehr und immer bessere Stücke. Aber der Fremde schenkte Andreas trotzdem jedes Jahr einen neuen Beutel.

Das ging so lange, bis der reiche Morten ihnen kein Land mehr verkaufen wollte. »Ein großes Gut am Ort reicht«, sagte er zu Andreas' Vater. »Ich will nicht, dass meine Leute eines Tages auf euren Feldern arbeiten anstatt auf meinen.«

Andreas war nicht traurig darüber. Er hatte, seit er selber nicht mehr arm war, öfter mal mit dem reichen Jens gesprochen und gehört, mit welcher Geringschätzung Jens von den Dörflern redete. »Die haben ja nicht mal eine eigene Maus im Haus«, hatte er gespottet. »Die fressen ihr Stroh selber.«

Andreas konnte sich noch sehr gut an die Zeit erinnern, als auch er Stroh gefressen hatte, wie Jens das nannte. Würde er eines Tages etwa auch so ein reicher Jens sein? Das wollte er nicht, davor hatte er Angst. Die Dörfler waren seine Freunde. Er kannte sie von der Schule her und vom Spiel auf den Wiesen. Trotzdem hatte er jetzt manchmal das Gefühl, dem reichen Jens schon ein bisschen ähnlich zu sein. Besonders an den Weihnachtsabenden.

Was bekamen sie jetzt nicht alles für Geschenke von den Eltern! Letztes Weihnachten hatte Anna sogar Schmuck bekommen. Und der kleine Paul nicht nur einen neuen Schulanzug und einen neuen Ranzen, sondern auch ein eigenes Pony.

So vergingen weitere Jahre und aus Andreas wurde ein junger Mann. Doch je älter er wurde, desto nachdenklicher wurde er. Und je mehr er nachdachte, desto unglücklicher fühlte er sich. Irgendetwas fehlte ihm, doch er wusste nicht, was es war. Und der Fremde sagte es ihm nicht, wenn er ihn an den Heiligen Abenden besuchte. Er sah ihn nur aufmerksam an, sagte seinen Spruch, stellte den Beutel auf den Tisch und ging wieder.

Das ist ein Anfang, aber noch nicht genug. Andreas konnte diesen Satz nicht mehr hören. Wann würde es denn endlich mal genug sein? Es machte keinen Spaß mehr, immer neue Tiere zu kaufen, immer neue Ställe anzulegen. Er hatte sich in jener Nacht mehr Glück gewünscht, nicht immer nur mehr von allem.

Und wieder nahte ein Weihnachtsfest. Nun schon das zehnte, seit Andreas seinen Wunsch in den Schnee geschrieben hatte. Als der Fremde kam und sich zu Tisch setzte, wurde er mit Wein und Braten und anderen wohlschmeckenden Dingen bewirtet. Er aß von allem ein bisschen und alles schmeckte ihm gut. Dann stellte er seine Frage und Andreas beantwortete sie so ehrlich, wie er sie nun schon seit zehn Jahren beantwortete. Doch wie an allen zehn Heiligen Abenden zuvor sagte der Fremde nur: »Das ist ein Anfang, aber noch nicht genug.«
»Immer noch ein Anfang?«, fragte Andreas traurig. »Immer noch nicht genug?«

»Nein«, sagte der Fremde.

»Aber was soll ich denn noch tun?«, rief Andreas da.
»Haben wir nicht längst genug Land? Ist unser Haus
jetzt nicht schön und fest und groß genug? Sind wir
nicht alle satt, sind wir nicht warm angezogen?«

»Das alles ist richtig«, sagte der Fremde. »Aber es ist
nicht genug.« Und damit stand er auf und wollte sich
verabschieden.

Schnell trat Andreas ihm in den Weg. »Bitte!«, sagte er.
»Ich muss wissen, was ich noch tun soll. Sonst ist all
mein Glück nichts wert.«

»Tut mir leid«, antwortete der Fremde. »Dabei kann
ich dir nicht helfen. Das musst du ganz alleine wissen.«
Und damit ging er wieder.

Der unglückliche Andreas besprach sich mit den
Eltern, doch die waren genauso unerfahren in solchen
Dingen. Sie hatten ja auch noch nie zuvor im Leben
Glück gehabt. Also blieb Andreas nichts anderes übrig,
als nach langer, langer Zeit wieder mal den alten
Hinnerk um Rat zu fragen.

Der alte Hinnerk war inzwischen schon sehr alt
geworden. Aber er hörte immer noch zu, wenn die
Leute mit ihren Sorgen zu ihm kamen. Andreas
jedoch wollte er keinen Rat geben.

»Ich weiß eine Antwort auf deine Frage«, sagte er. »Aber die ist nur nützlich, wenn du sie selber gefunden hast. Es gibt Dinge, die kann man niemandem raten.«

War das nicht genau das, was auch der Fremde gesagt hatte? Verwirrt und noch unglücklicher als zuvor lief Andreas wieder nach Hause und dachte weiter über eine Antwort nach.

Ein ganzes Jahr lang dachte Andreas nach, aber er fand die Antwort nicht. Und als das Jahr um war, fürchtete er sich vor dem Besuch des Fremden. Was sollte er ihm diesmal sagen? Er wusste ja nun, dass alles, was er tat, nicht genug war. Und er wusste immer noch nicht, was er mehr tun sollte.

So kam es, dass Andreas eines Nachts vor Sorge nicht einschlafen konnte. Er stand auf, zog sich an und ging traurig durch das Dorf. Aber wo er auch hinkam, überall roch es nach Hunger und Armut, nirgendwo rauchte ein Schornstein. Das machte ihn nur noch trauriger. Er wollte schon umkehren, um sich wieder ins Bett zu legen, als er auf einmal in einem Fenster ein Mädchen sah. Es stand ganz still und schaute unentwegt zu den Sternen hoch. Leise trat Andreas an das Fenster heran und fragte das Mädchen, ob es sich vielleicht gerade etwas wünsche.

»Ja«, sagte das Mädchen.

»Was denn?«, fragte Andreas und war fest entschlossen, dem Mädchen seinen Wunsch zu erfüllen.

Da sagte das Mädchen leise: »Ich wünsche mir mehr Glück. Aber das kann mir keiner schenken.«

Vor Schreck machte Andreas einen Schritt zurück.

Das war ja genau das, was er sich gewünscht hatte, damals, als er noch ein Kind war. Und nun sah er alles wieder vor sich: Wie er in jener Adventsnacht seinen Wunsch in den Schnee geschrieben hatte, wie der Fremde kam und wie er sagte, dass er sein Glück mit ihm teilen wolle. Und auch des Fremden Worte: »Echtes Glück muss man teilen« fielen ihm wieder ein.

Das war's! Sein Glück war nicht echt, weil er es mit niemandem geteilt hatte, außer mit der eigenen Familie. Dem Fremden war es ja genauso ergangen, erst die Worte im Schnee hatten ihn daran erinnert. Endlich begriff Andreas alles, und da schämte er sich sehr. Und schnell trat er wieder an das Fenster heran und gab dem Mädchen einen guten Rat.

»Du musst deinen Wunsch in den Schnee schreiben«, flüsterte er. »Aber du musst es in der Nacht zum vierten Advent tun. Und zwar genau um vier Uhr morgens. Wenn du das tust, geht dein Wunsch in Erfüllung.«

Das Mädchen versprach Andreas, seinen Rat zu befolgen. Und Andreas freute sich und lief nach Hause zurück. Jetzt wusste er, was er tun musste, jetzt würde er endlich einschlafen können.

Ja, nun konnte Andreas beruhigt einschlafen. Und er schlief so tief und fest wie lange nicht mehr. Und als er am Morgen darauf aufwachte, war er vergnügt und voller Pläne. Nur eine einzige Sorge erfüllte ihn noch: Würde es rechtzeitig schneien? Und blieb der Schnee bis zum vierten Advent liegen?

Der erste Advent kam heran und das Wetter war grau und regnerisch. Der zweite Advent kam heran und es blieb grau. Der dritte Advent kam heran – und die Sonne schien. Fast ängstlich sah Andreas zum Himmel hinauf. Er wünschte sich so sehr, dass es schneite. Er wünschte es für das Mädchen und für sich.

Auch das Mädchen sah oft zum Himmel hoch. Andreas konnte es dabei beobachten. Zum Glück erkannte es ihn nicht. Es war ja sehr dunkel gewesen in jener Nacht.

In der Nacht zum vierten Advent lagen sie dann beide wach, das Mädchen und Andreas. Das Mädchen lag im

Bett, drückte fest beide Daumen und betete: »Komm, Schnee! Bitte, bitte, komm!« Und Andreas lag in seinem Bett und tat genau das Gleiche. Es war alles wie viele Jahre zuvor. Nur dass Andreas jetzt ein wohlhabender Mann und kein Kind mehr war.

Von der Dorfkirche her schlug es Mitternacht und Andreas war immer noch wach. Es schlug ein Uhr, zwei Uhr, drei Uhr – aber es fiel kein Schnee. Zehn Minuten vor vier stand Andreas auf und sah aus dem Fenster. Kein Schnee, nur klarer Himmel und Sterne. Da zog er sich langsam an und ging durch die nacht-dunklen Straßen hin zu dem Haus, in dem das Mädchen wohnte.

Er erreichte es genau in dem Moment, als die Kirch-turmuhr vier schlug. Und da öffnete sich die Haustür auch schon, und das Mädchen kam auf die Straße gelaufen. Rasch stellte Andreas sich hinter einen Busch. Er wollte sehen, was es vorhatte – es lag ja kein Schnee.

Das Mädchen legte einen großen Bogen Papier auf die Erde, nahm Federhalter und Tinte aus der Mantel-tasche und schrieb etwas auf das Papier. Da begriff Andreas und er freute sich über das kluge Mädchen, das gar keinen Schnee für seinen Wunsch brauchte.

Als das Mädchen fertig war, lief es ins Haus zurück. Andreas konnte vortreten und lesen, was es geschrieben hatte. Vielleicht hatte es sich ja inzwischen einen anderen Wunsch ausgedacht. Aber nein! Da stand es, groß und deutlich mit schwarzer Tinte auf weißem Papier: MEHR GLÜCK. Und darunter stand: LUISE.

Dahinter aber stand noch etwas Kleingeschriebenes. Andreas musste sich das Papier dicht vor die Augen halten, um es lesen zu können. Als er es gelesen hatte, nickte er still, steckte den Zettel ein und ging wieder heim. – Was noch auf dem Zettel gestanden hatte?

Für unser ganzes Dorf – nur für den reichen Jens und für den reichen Andreas nicht. Die haben schon genug.

Andreas war nicht traurig über das Kleingeschriebene: Das Mädchen hatte ja recht, der reiche Jens und er brauchten nicht noch mehr Glück. Die anderen brauchten es. Und so bereitete er alles für den Heiligen Abend vor. Sechsundzwanzig Familien gab es im Dorf und vierundzwanzig kleine Beutel packte er. Die fünfundzwanzigste Familie war die vom reichen Jens, die sechsundzwanzigste seine eigene.

Dann war es wieder Heiliger Abend. Zu Mittag gab es Hühnersuppe, in der Wohnstube stand ein Tannenbaum, und pünktlich um fünf war Bescherung.

Gleich nach der Bescherung zog Andreas seinen Mantel über, steckte sich die vierundzwanzig kleinen Beutel in die Taschen und ging los. Von Haus zu Haus ging er, an jeden Türgriff hängte er einen Beutel, klopfte und verschwand. Erst als er den letzten Beutel verteilt hatte, kehrte er zu den Eltern und Geschwistern zurück und wartete darauf, dass es sechs schlug.

Er war sehr ungeduldig und konnte die Zeit kaum erwarten. Als es so weit war, stand er auf und öffnete die Tür. Doch vor der Tür war niemand, die Straßen lagen still und verlassen. Dafür hing ein Beutel an der Tür – genauso ein Beutel, wie Andreas ihn Jahr für Jahr bekommen hatte. Nur steckte diesmal kein Geld drin, sondern ein Zettel. *Nun hast du dir deinen dritten Wunsch selbst erfüllt*, stand darauf. *Mehr Glück gibt es nicht.*

Andreas las den Zettel einmal, las ihn zweimal, dreimal. Dann lächelte er und brachte ihn seinen Eltern. Jetzt wusste er, dass der Fremde mit ihm zufrieden war und deshalb nicht mehr kommen würde.

Die Eltern verstanden den Zettel nicht. Da erzählte Andreas ihnen von Luises Wunsch und den vierundzwanzig Beuteln, die er verteilt hatte.

»Und was war drin?«, fragte die Mutter erstaunt.

»Ein Stück Land.«

Nun schwiegen die Eltern, und auch die Geschwister
schauten nachdenklich, bis der Vater sagte: »Gut! Jetzt
haben sie Geld. Aber wem sollen sie Land abkaufen?
Der reiche Morten verkauft keines mehr.«

»Na, wem schon? Uns natürlich!« Andreas musste lachen. »Oder haben wir etwa nicht genug davon?« Und damit stand er auf und trat vor die Tür, um ein bisschen frische Luft zu atmen.

Wie er aber draußen stand, drangen die frohen Stimmen aus dem Dorf zu ihm hin. Und da durfte er sich nochmal freuen: Dieses Jahr würde es ein besonders schönes Weihnachtsfest werden, ganz egal, ob es nun schneite oder nicht.

Klaus Kordon, geboren 1943 in Berlin, war Transport- und Lagerarbeiter, studierte Volkswirtschaft und unternahm als Exportkaufmann Reisen nach Afrika und Asien, insbesondere nach Indien. Heute lebt er als Schriftsteller in Berlin.

Bei Beltz & Gelberg erschienen zahlreiche seiner Romane, die in viele Sprachen übersetzt wurde, darunter die Kinderbücher *Brüder wie Freunde, Die Reise zur Wunderinsel, Monsun oder Der weiße Tiger, Wie Spucke im Sand,* die *Paula-Kussmaul*-Romane und *Kiko.*

Kordon veröffentlichte auch viele historische Jugendromane, darunter *Krokodil im Nacken* (Deutscher Jugendliteraturpreis). Seine Biographie über Erich Kästner *Die Zeit ist kaputt* wurde ebenfalls mit dem Deutschen Jugendliteraturpreis ausgezeichnet.

Für sein Gesamtwerk erhielt er den Alex-Wedding-Preis der Akademie der Künste zu Berlin und Brandenburg und den Großen Preis der Deutschen Akademie für Kinder- und Jugendliteratur.

Jasmin Schäfer, geboren 1981, lebt als freie Illustratorin in Hamburg. Sie studierte dort an der Hochschule für Angewandte Wissenschaften Illustration. Bisher veröffentlichte sie das Bilderbuch *Der Kragenbär.*

Ein Freund fürs Leben

Klaus Kordon

Hilfe, ich will keinen Hund!

Roman
Mit Bildern von Lena Winkel
Gebunden, 176 Seiten
Beltz & Gelberg (81234)
E-Book (75797)
Ab 8 Jahre

Ausgerechnet Paul, der Hunde doof findet, muss sich plötzlich um Rieke kümmern. Obwohl die eigentlich der Hund seiner älteren Schwester Miri ist. Rieke, ein schwarzer Mittelschnauzer, springt jedem Ball hinterher und macht jede Menge Quatsch. Doch schon bald ist klar, dass Rieke ein ganz großartiger Hund ist – und so werden die beiden ein Herz und eine Seele.

»Eine warmherzige, von kleinen Schwarz-Weiß-Zeichnungen begleitete Geschichte für alle Kinder ab 8 Jahren, die sich einen Hund wünschen oder einen haben.« *Borromäusverein*

www.beltz.de

Mit Hühnerfreunden wird alles gut

Mareike Krügel

Almuth und der Hühnersommer

Roman
Mit Bildern von Melanie Garanin
Gebunden, 192 Seiten
Beltz & Gelberg (75715)
E-Book (75716)
Ab 9 Jahre

Almuth will später einmal zur Feuerwehr und »Retterin« werden. Doch weder die freche Joy noch Said wollen von ihr gerettet werden. Und so tigern sie zusammen durch das Dorf und verstecken sich nachts unter den Hagebutten, um den Marder zu überführen, der es auf die Hühner des Nachbarn abgesehen hat. Da ahnt Almut noch nicht, dass in diesem aufregend schönen Sommer noch ganz andere Herausforderungen auf sie lauern. Ein inniger Roman für Kinder, aufregend wie das Leben, feinsinnig, klug und witzig erzählt.

www.beltz.de

Ophelia muss die Welt retten

Karen Foxlee

Ophelia und das Geheimnis des magischen Museums

Roman
Aus dem Englischen von Katharina Diestelmeier
Broschiert, 288 Seiten
Gulliver (74907)
E-Book (74619)
Ab 9 Jahre

Mit diesem Museum stimmt etwas ganz und gar nicht, das spürt Ophelia, obwohl sie nicht an Magie glaubt. Doch dann sieht sie durch das goldene Schlüsselloch einer verborgenen Tür direkt in das Auge eines Jungen. Hat ihn tatsächlich die mächtige Schneekönigin eingesperrt? Um ihn zu befreien, bleiben Ophelia nur drei Tage, danach hat die Schneekönigin ihr Ziel erreicht und die ewige Winterzeit beginnt …

»Die kluge Geschichte … vermittelt tiefe Einsichten über Vertrauen, Verantwortung und Freundschaft.« *Booklist*

www.beltz.de

Die Magie des Waldes

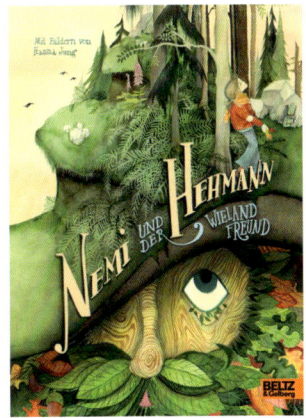

Wieland Freund / Hanna Jung

Nemi
und der Hehmann

Roman
Mit farbigen Bildern von Hanna Jung
Gebunden, 152 Seiten
Beltz & Gelberg (75459)
E-Book (74974)
Ab 8 Jahre

Auf einem Streifzug durch den Wald begegnet Nemi dem Hehmann, einem Wesen mit wildem Blätterbart und verwittertem Holzgesicht. Er ist das Gedächtnis und das Wissen des Waldes, aber er leidet, weil kaum jemand die wilde Natur noch wahrnimmt. Verschwindet diese am Ende, wenn keiner mehr an sie denkt? Nemi hat Mitleid, sie beginnt, Naturwörter zu sammeln und Tiere, Pflanzen zu zeichnen. Doch kann sie damit die Natur retten? Zauberhaft illustriert von Hanna Jung.

»Wieland Freund hat eine wunderbare Geschichte geschrieben. Er hat Wörter und Bilder gefunden, die sehr poetisch fühlbar machen, was Nemi im Wald und in der Natur zu sehen lernt. ... Die aussagestarken Illustrationen von Hanna Jung auf beinahe jeder Seite machen das Buch zu einem echten Lese- und Vorlesevergnügen.« *Die Rheinpfalz*

www.beltz.de